# Von Birnen
# und Walen

poetry

# Von Birnen und Walen

poetry

Amy L. Nadolski mit

Tamina S. Hägler, Julia Dargel, Moritz S. Ritter, Lea S. Gottschalk, Frida Tomschin, Berenike Plumhoff, Bettina Nürnberg-Hannemann, Toni Beß, Sarah Kraatz, Lene Dambeck, Henriette Funk

# Impressum

Bibliografische Information der Deutschen Nationalbibliothek: Die Deutsche Nationalbibliothek verzeichnet diese Publikation in der Deutschen Nationalbibliografie; detaillierte bibliografische Daten sind im Internet über dnb.dnb.de abrufbar.

© Amy L. Nadolski
Umschlagdesign: Julia Dargel
Herstellung und Verlag:
BoD – Books on Demand, Norderstedt
ISBN: 9783734713477

Für eine Freundin

# Inhalt

# Natur

# Efeubäume

Die Sonne glitzert
Auf der glatten Oberfläche
Des blauen Sees.
Eine sachte Brise zieht herbei.
Mit ihr kommen die Klänge der
Kleinen,
Gefiederten
Kreaturen-
An den Bäumen klettert
Immergrün.
Ein Falter
Wird zum Opfer
Des Zaunkönigs-
Und vom Baum
Blickt der Baumfuchs.
Peng!

Amy L. Nadolski

# Nachmittagsspaziergang

Richte den Blick auf die kleinen Dinge.
Flieg auf des Traumes bunter Schwinge
nur ein kleines Stück.

Der Vögel heller Lobgesang
begleitet dich den Weg entlang.
Es fällt dein Blick zurück.

Befrei dich aus des Alltags Fängen
und gib dich hin den schönen Klängen.
Horch, es ist dein Glück.

Bettina Nürnberg

Ein grauer Tag
neigt sich dem Ende
im kalten Januar.
Licht streckt seine fahlen Hände
zum Himmel aus
ein letztes Mal.

Lass Dunkelheit
den Tag beenden,
keine Furcht soll dich ereil´n.
Schon morgen wird
die Welt sich wenden
zum Lichte hin
und dort verweil´n

Fürchte nicht dunkle Gedanken,
kehr nach innen
dein Gesicht,
und sieh´,
dass ihnen zu verdanken,
dass du sehen kannst das Licht.

Bettina Nürnberg

# In Anbetracht der Zeit

Der Wind ist ein Spiel
in Raum und Zeit.
Er bewegt sich, er zieht, er raubt
und bedient sich dem welches flieht.
Und das was bleibt liegt uns zu Füßen
indem es sich neigt.
Unantastbar, so fern und doch so nah,
beschreibt nicht das was kommen wird,
sondern das was war-
Unvollkommen,
zieht umher.
Ein Augenblick,
ein kurzer Klang,
Ein Glockenspiel welches an seidenen Fäden Hang-
Welches sich zieht
durch den menschlichen Verstand
und nur kurz stoppt
vor der Seele dir trauert,
Auf dem Hügel
ein kleines Kreuz lauert-
Ein Blick durch Spiegel helles Fensterglas
so grell, dass ich die Welt vergaß.
Allein im Nebel,
nur vage

Erinnerungen.


Frida Tomschin

# Liebe

# Definition: Liebe

Benennen, das geht nicht.
Beschreiben, ja das ist mein Ziel.
Bin mir unsicher, ich weiß nicht,
Aber mir ist das nicht zu viel.

Doch sonst hab ich mich allem gestellt,
Jeder Erfahrung und Frage in meiner Welt,
Es wart mir so manche Prüfung auferlegt,
Doch diese; nun sie kommt und geht.

Die Zeit des Wandels, die Pubertät stand an,
Und wie jeder, war auch ich dran.
Neben dem Sichtbaren, was als erstes Thema
Dominierte,
Beschäftige ich mich bis heute, mit dem Inneren,
Das mich faszinierte:

„Aussehen zieht an, Charakter hält fest";
So wird's gesagt, so ist es Gesetz,
Doch gebt mir die Chance, dies' zu erweitern,
Denn an dieser Regel soll es nicht scheitern.

Haltung und Moral, sind Pfeiler des Menschen,
Mit Vernunft und Reife kann man Hass Bekämpfen,
Zurück zum Kern, es geht um Emotionen und Gefühl,
Sie bilden die Seele und machen den Mensch Fidel.

Wie genannt: Benennen, das geht nicht.
Beschreiben, ja das ist mein Ziel.
Bin mir unsicher, ich weiß nicht,
Aber mir ist das nicht zu viel.

Die Antwort auf die Frage ist nicht eindeutig,

Nichtsdestotrotz ist sie geläufig.
Unbekannt für jeden und bekannt für Niemanden.
Summa summarum:
Es geht um alle Liebenden.

Die Benennung wäre Liebe,
doch was steckt dahinter?
Der Beschreibung zufolge ein Emotionsgewitter.
Ein Tohuwabohu vom Dopamin –
notwendig, wie jedes Vitamin,
Allerdings!
Eine Definition.
Das ist meine Mission.

Als erstes möchte ich offenlegen,
Liebe, meint nicht nur das Sexleben.
Ob Herzenswärme oder Verbundenheit,
Die Liebe ist facettenreich:

Flügel und Wurzeln von den Eltern gegeben,
Überschüttet und gebadet im Liebesregen,
Geborgen und erzogen mit aller Kraft,
Die familiäre Liebe ist ein Zaubersaft.

Hinzu kommen Harmonie und Gemeinsamkeit,
Lachen, Abenteuer und Heiterkeit,
dafür haben Freunde stets Zeit.
Seelenverwandt und durch dick und dünn,
Das ist der Freundschaftsliebe Sinn.

Auch gibt es solche, die für Dinge empfinden,
Etwa weil sie damit Wert, Erinnerung oder Status
verbinden.
Diese „Dingsbums"-Liebe, ja auch sie gilt,
Und ist sehr präsent in der modernen Welt.

Und dann die eine, die gibts auch,
Dass sind die Schmetterlinge im Bauch.
Das Gefühl abseits von Zeit und Raum,
Mit der einen Person, man glaubt es kaum.

Als hätte man seine zweite Hälfte gefunden,
Und alle Sorgen überwunden,
Für immer, ohne Ende, vereint;
Wegen ihr hat auch schon jeder geweint.

Nun gesamt, lässt sich festhalten:

Ob die Liebe zu wem oder was auch immer,
Wir alle sind Patienten im Liebeswartezimmer,
Biologisch ist es ein Hormoneringen,
Physikalisch, Wellen, die besonders Schwingen,
In der Musik, Töne, die einzigartig klingen
oder Chemisch Teilchen, die in ihrer Bindung jeden
Spaltungsversuch bezwingen.
Doch was ist es abseits der Rationalität?

Wohlmöglich eine Art Aufgabe,
Die man uns auferlegt?

Für mich ist einleuchtend:

Benennen, das geht nicht.
Beschreiben, ja das war mein Ziel.
Bin mir unsicher, ich weiß nicht,
Aber jetzt ist mir das zu viel.

Ein letztes Wort, noch ein Geheiß:
„Liebe ist, was jeder über Liebe weiß".

Moritz Sebastian Ritter

# Verhältnisse

Sie wissen nicht, was sie spielen,
verlassen sich auf den Andren
und gehen aufeinander ein.
Sie improvisieren und harmonieren.
Sie sehen sich, schauen sich in die Augen
Und hören einander.
Sie improvisieren und harmonieren.
Tiefe Blicke und herzliches Lachen.
Keiner ahnt, was es eigentlich bedeutet.
Die Liebe zur Musik verbindet sie,
und Liebe ist es, was sie füreinander fühlen;
Zwischen Improvisieren und Harmonieren.
Nach ihrem Auftritt gehen sie,
rennen sie!
Müssen sie den Zug noch schaffen?
Sie improvisiern.
Ihre Musik ist stumm, verklingt nur noch.
Dach ja, sie harmonieren.

Amy L. Nadolski

# Plexiglas

Du sitzt neben mir,
während wir in den Himmel starren.
Er glitzert als hätte jemand Silber hineingeworfen-
Wir sind zusammen,
nicht zerbrechlich wie Glas,
eher robust wie Polymethylmethacrylat.
Die Luft wird kühler
und zwischen Blicken und Küssen,
beschließen wir den letzten Schluck
aus der Milchverpackung nehmen zu müssen.

Amy L. Nadolski

# Goldstaub

Längst sind alle Blumen verwelkt,
Kein Glanz mehr in deinen Augen;
Auf unsern Bildern,
  eine Mauer aus Staub.

Wenn wir nur flüchtig um uns blickten,
  heimlich-
Für unsre Hände,
  sie zusammen dann tanzten-
Und unsre Körper uns (ein)rahmten.

Amy L. Nadolski

# Weihnachtsmarkt

1.
Lass uns zusammen Glühwein trinken
Und über den Weihnachtsmarkt schlendern-
Lass und Vanillekipferl essen
Und Hand in Hand gehen.

2.
Auf dem gefrorenen See Schlittschuhlaufen-
Mit Schwung drehen wir Pirouetten
Und tanzen auf Eis.
Für dich gehe ich sogar das Risiko des Einbrechens ein.

3.
Lass uns noch nen Glühwein trinken
Oder drei-
Und dann unterm Mistelzweig zusammen unsere Freude
teilen.
Unser Kuss schmeckt nach Apfel-Zimt.

Amy L. Nadolski

# Nie getane Küsse

ich wache auf und denke
jeden tag mindestens einmal
an dich,
an unser erstes treffen,
an dein lachen,
an tiefe blicke,
und unsere liebe zur poesie-
an unsere begegnungen,
an die kleinen berührungen,
an deine hand auf meiner schulter,
und daran dich zu umarmen-
an deine wunderschönen hände,
an nie getane küsse,
und daran dich zu halten-
an sinnliche gespräche,
und an deine hand in meiner-
jeden tag wenn ich aufwache
denk ich mindestens einmal
an dich.

Amy L. Nadolski

# Rosen und Wein

Kennst du das Sprichwort
„Aged like fine wine"?
So sehe ich dich-
Du machst dir Sorgen
Übers Älter werden,
aber denk doch nur
an Rosen, die welken
und dennoch wunderschön sind

Wenn du unsere Fotos betrachtest,
achte nicht darauf,
wie jung wir mal waren,
sondern welch schönen Momente
wir schon zusammen hatten.
Ich erinnere mich an alle Mitternächte,
als wir high auf der Wiese lagen
und zu ABBA und den Beatles sangen.

Amy L. Nadolski

# (Un) Zufriedenheit

1.
Es gab eine Zeit,
in der habe ich Worte geweint
und Tränen gesprochen.
Ging statt mit dir,
mit Erschöpfung Hand in Hand.
Nicht, weil du dein Wort gebrochen,
denn du gabst mir ja keins.
Verursachtest ständig nur Chaos
Mit deiner Anwesenheit.

2.
Lass uns zusammen Konzerte geben,
Und Liebe durch Musik empfinden.
Lass uns aus Un-
Zufriedenheit machen
Und nebenbei nen Glühwein trinken!?
Lass uns zusammen glücklich sein
Und miteinander für immer verweilen.

Amy L. Nadolski

# Dich zu küssen

Ich denk drüber nach dich zu küssen-
gestern,
heute,
morgen.
Ich denk darüber nach dich zu küssen-
langsam,
leidenschaftlich,
gefühlvoll.
Ich denk darüber nach dich zu küssen-
im Regen,
wenn die Sonne untergeht,
unterm Sternenhimmel.
Ich denk darüber nach dich zu küssen-
deinen Mund,
deinen Hals,
jeden Teil deines Körpers.
Ich denk darüber nach dich zu küssen-
dich,
nur dich,
niemanden sonst!

Amy L. Nadolski

# Warum ist das Schönste immer verboten?

Wie kann es sein,
dass für dich
ich springe-
ohne zu zögern.
Was ist geschehen?
Du nimmst meine Hände
in deine Hände
und lässt mich nicht mehr gehen.

Ich schreib Liebesbriefe,
verlier dabei den Verstand-
sie gehen nicht auf Reisen,
da ich's einfach nicht kann.

Du gehörst nicht zu mir,
doch ich wünschte so wär es!
Denn ich und du,
wir wären so gut.

Weil alles nur ein Traum war,
so gar nicht real war,
brichst du mir das Herz,
ohne es zu kennen.

Ich würd dich gern küssen,
einfach küssen.

Nur für diesen Moment.
Amy L. Nadolski

# Dunkler Schmetterling

Wie du vor mir her gefahren bist-
Das blaue Kleid schmiegte sich eng
an deinen Körper.
Mit dem Rad durchs ganze Land-
Unter der halbenen Silberkugel,
die bei Nacht unsere Welt erhellt,
ersuchen wir das nächste Ziel.
Dabei ist mir ganz egal
wohin-
Hauptsache mit dir.

Amy L. Nadolski

# Beziehungsmodell

Zusammensein
Was bedeutet das eigentlich?

Die Lizenz
Anzufassen
Durchzugreifen
Ohne moralische Störung
Und Kompromisse
Bis Ablauf der Vertragszeit
Uneingeschränkt
Miteinander zu schlafen


Ich wünschte
Es hieße mehr
Im Herzen
Zusammen zu sein
Und sich
Jeden Tag aufs Neue
Ineinander
Anstatt in irgendeinen Körper
In eine ganz bestimmte Seele
Zu verlieben

Sophie Kamann

# Verbunden

Ich habe ein Herz
das außerhalb
meines Körpers lebt
Ich hör es endlich schweigen
seitdem ich weiß
es schlägt in Deinen Händen
Ich hör es brechen
sobald ich merke
dass ich ihm nicht mehr
dabei zusehen kann.

Sophie Kamann

# Manchmal möchte ich gerne

manchmal möchte ich gerne..
...die freiheit sein,
die du genießt.
... die sterne sehen,
wenn du mich ansiehst.
... die vision haben,
die du fernsiehst.
...das lied sein,
zu welchem du tanzt.
manchmal möchte ich gerne...
...in der geschichte mitwirken ,
die dich stanzt.
... deine superheldin spielen,
wenn du dich verlierst.
...zu deiner freundesgruppe dazugehören,
mit der du dich amüsierst.
...der mensch sein,
auf dem du dich fixierst.
...den lebensabschnitt verkörpern,
wenn du von zukunft sprichst.
manchmal möchte ich gerne...
...den schmerz empfinden,
wenn du mich vermisst.
...dein vertrauen haben,
wenn du an mich glaubst.
...deine aufmerksamkeit besitze,
wenn du mir meine liebe raubst.
... dein lächeln bemerken,
wenn du von mir sprichst.
manchmal möchte ich gerne...
...den gedanken wegsperren,
wenn du jemand anderen auserwählst.
...den zauber spüren,

wenn wir zusammen sind.
…deinen mut haben,
denn du sagst selbst „wer nicht wagt, der nicht gewinnt".
manchmal möchte ich gerne…
…die liebe sein,
die du nie vergisst.
doch ein manchmal ist kein immer.
also sei mein immer,
denn ein manchmal halte ich nicht aus.
In diesen Tagen…

Julia Dargel

# Tintentränen

Es
   quält
      mich
die Tilgung dieser Tagträume Gedanken ausgepustet wie
simple Teelichter und die Zeit trägt sich an mir vorbei
während ich im unendlichen Blau ertrinken möchte
deine
   Tintentränen
      decken
mich zu und hüllen mich ein und ich treibe in ihnen auf
meiner Haut den Regen deiner taschentücherfüllenden
Worte und vergehen auf deiner Zunge mit jeder deiner
trostspendenden Silben
doch erwache
     aus dem
        Traum
an dich zu heller Realität blendend deine Tränen
trocknend bis meine Gedankenbecken leer da stehen alle
Erinnerungen verdampft am Boden mein geknickter
Körper frustriert verkrampft und bloß von deiner Liebe
verlassen
welche meine
      Tagträume
        erfüllte

Tamina S. Hägler

(Illustration von Charlotte Saischowa; inspiriert zum
Text *Tintentränen)*

# Ich gestehe

Ich gestehe ganz offen,
Ein Pfeil hat mich getroffen,
Mitten in die Brust,
Und es war mir noch gar nicht bewusst,
Und bevor ich mich besann,
Da betete ich dich bereits an,

Meine Knie sind blau und grün,
Und mein Herz schlägt ungestüm,
Rennt dir hinterher,
wie ein junges Fohlen
Das Sprichwort ist hin,
Du hast mein Pferd gestohlen,
Ich dachte man soll es zusammentun,
Und nicht die eigenen Pferde,
Aber ich weiß nicht ob ich das jemals werde,
Mit dir Pferde stehlen, ich und du,
Nein, ich glaube,
das bekomme ich nicht hin.

Denn ich würde dich die ganze Zeit nur anstarren,
Anstatt das Schloss zu knacken,
Ich würde es mies verkacken,
So dass sie uns beide schnappen,
Und mich freuen wenn wir in derselben Zelle landen,
Gemeinsam stranden,
Nur ein Fenster und wir teilen uns den Zahnputzbecher,
Unsere Gesichter, das erste was wir sehen,
Wenn wir morgens durch die Zelle spähen,
Erröten, wenn unsere Finger sich in der
Gefängniscafeteria berühren,
Wenn wir nach demselben Tablet greifen,

Und uns mit Blicken verführen.

Nein, wir sollten keine Pferde zusammen stehlen,
Wir sollten Tapeten auswählen,
Und Bettbezüge kaufen,
Ich will mich über die kleinste Entscheidung mit dir
raufen,
Und mit dir zusammenziehen,
so als ersten Schritt,
Denn das will ich nur mit-
Mit dir.

Tamina S. Hägler

# Blecherne Liebe

Blecherne
       Liebe
           laut und hohl
lärmend nervenverzerrend ziehst du an mir doch kann dir
nichts geben mein Herz ist aus feinem roten Glas
geblasen Gefühle können nicht laut in ihm schlagen
sonst würden
die dünnen
       Wände
           zerplatzen
wie deine vielen Worte auf meiner Haut Seifenblasen
voller leerer Versprechen benetzt von silbrigem
Regenbogenflimmer und ich sehe dich stumm an
während die Dose die dein Herz ist
weiter
     in dir
        scheppert
befüllt mit Nägeln die du benutzen willst um mich
festzuhalten doch ich glaube nicht dass du einen
angepinnten Schmetterling lieben kannst
traurig sehe ich dich aus meinem Schaukasten an und
die Sonne
       fängt
         sich
in meinem dünnen Murmelherzen und ich fühle ich fühle
viel für dich mehr als jeder Schmetterling es könnte und
flattere trotz angeschlagener Flügel einen kleinen Tanz
für dich
das ist alles
       was dieses Insekt
            tun kann

Tamina S. Hägler

# Wassergläser

Dich zu lieben ist wie ein halbes Glas Wasser.
Zum Anfang war es halbvoll.

Ich habe an der Bushaltestelle gesessen und geweint vor
Freude. Dein Gewicht noch immer auf der Brust,
peinliche Nachrichten verschickend.
Ich grinste, wie bescheuert, wenn ich von dir sprach.
Dachte an dich und mein Herz schlug wie toll.
War da, immer erst für dich,
dann die Anderen.
Du hast Schmetterlinge in mir beschworen, und ich
verstand was es hieß wirklich verknallt zu sein.
So richtig.

Mittlerweile ist das Glas halbleer.
Es fehlt nun etwas, irgendetwas, ich glaube es bist du.
Ich suche Abstand von dir, während du noch immer
meine Nähe suchst.
Ich nehme dich nicht mehr in den Arm, nicht so wie
früher.
Mein zitterndes Herz ist müde geworden, die
Schmetterlinge in meinem Bauch lahmen, weil sie nicht
mehr gefüttert werden.
Ich war nicht mal glücklich, als du jetzt endlich mal bei
mir übernachtet hast.
Ich rede nicht mehr von dir.
Und denke sogar nur noch selten an dich.
Fast gar nicht mehr.

Dich zu lieben ist wie ein halb leeres Glas Wasser, eine
langsam vertrocknete Schnittblume.

Eine verheilende Wunde, aus der ich mit Freunden geblutet habe.

Habe mich aufgezogen an dieser Liebe. Berauscht in stillen Momenten, wie an dem geheimen Schnapsvorrat der Eltern.
Meine Jacke zurechtgezogen und mich mit ihr profiliert.
Seht mich an ihr Narren, ich habe mich verliebt.
Ich habe mein Herz an das Windfähnchen eines Autos getackert, während ich doch eigentlich gar keinen Führerschein habe.
Habe es in eine Lostrommel geworfen und gehofft, es würde gezogen werden.
Habe es weggegeben einfach so, freiwillig verloren.
Seht mich an ihr Narren, denn ich bin eure Königin. Und es tut mir nicht mal leid. Denn jetzt habe ich es hinter mir.

Bin dem Auto hinterher gerannt und habe es abgerissen, die Lostrommel angehalten, als ich keine Lust mehr aufs Glücksspiel hatte und es wiedergefunden und zurück in meine Brust gestopft.

Mir ist bewusst geworden, dass ich es einfach verschenken wollte. Habe ihm eingestanden, dass ich ihm nicht mehr Wert zugestanden habe, als den Platz auf einem Wühltisch für Fremde. Und verdammt das hat eine Ewigkeit gedauert es zurückzuholen, nachdem jemand es einfach mitgenommen hat.

Es tut mir leid Herz.
Und es tut mir leid, du.
Du, deren Liebe ist wie ein halbes Glas Wasser.
Und es wahrscheinlich gar nicht weiß.

Es tut mir leid, dass ich dir plötzlich die kalte Schulter
zeige.
Doch es ist vorbei.
Mit mir und dem Glücksspiel,
und dem verliebt sein, nur um verliebt zu sein. Mit dem
denken an dich.
Mit der Liebe für dich.

Und ich stoße das Glas einfach um.

Tamina S. Hägler
(Illustration von Charlotte Saischowa: inspiriert zumText *Wassergläser*)

# Vom Ende der Einsamkeit

Tief versunken in Wells Bestseller,
tief versunken in Zweisamkeit.
Der Wunsch nach Ewigkeit,
schwankend in Achtsamkeit,
betrübt von unbegründeter Ängstlichkeit.
Wie kann Zweisamkeit entstehen,
wenn sie stets auf der Hut sind?
Auf der Hut nicht verletzt zu werden?
Die beklemmende Furcht
ständig wachsam zu sein,
bedruckende Angst vor wiederkehrenden Schmerz.
Sehnsucht nach Zweisamkeit,
gepaart mit Achtsamkeit,
schwankend in Aufbruch.
Und schließlich die Flucht
vor der vorgegaukelten Zweisamkeit
zurück in die uns sicher erscheinende Einsamkeit.

Lea S. Gottschalk

# Vom Lieben und Zweifeln

Entblößt stehe ich vor dir,
dein Blick auf meiner Haut.
Begierig wandern deine Augen meinen Körper entlang,
wahrend deine Hände
nach dem letzten Stuck weißer Spitze tasten.
Dein Vorgehen ist so bestimmt,
bewusst,
schüchtert mich ein und zieht mich gleichzeitig an.
Wahrend du mich berührst,
denke ich an uns,
längst vergangene Tage.
Während ich deinen Atem
auf meiner Haut spüre,
spüre ich wieder all die Unsicherheit.
All die Sicherheit,
die wir uns geben,
bevor wir uns erneut zweifeln lassen.
All die Unsicherheit,
wenn wir uns zerstreuen,
nachdem wir uns aufgesammelt haben.
Mit besorgtem Blick siehst du auf mich herab,
während ich so schon verzweifelt da liege.

Lea S. Gottschalk

# Gefühle

# Angst

Ich habe Angst!
Ich habe Angst vor der Zukunft
Angst vor dem was kommen mag,
Angst zu versagen
nichts zu wagen
und an allem allein die Schuld zu tragen.
Habe Angst vor Kriegen und vor Pandemien
Habe Angst alles sowie jeden zu verlieren.
Möchte einerseits Freiheit aber auch Geborgenheit.
Aber nie wieder möchte ich einsam sein.

Sarah Kraatz

# Grenzen setzten

Habe Angst zu verpassen
und mich einfach mal hängen zu lassen.
Doch die Welt ist so groß
und ich so klein ich kann nicht überall gleichzeitig sein.
Will es allen Recht machen,
doch vergesse dabei zu oft mich selbst.
Muss mal wieder meine Grenzen setzten,
auch wenn das anderen nicht gefällt.

Sarah Kraatz

# Totalität

Deine Liebe hat System,
Hat Krone und Paraden,
Hat Reichtum und Macht,
Und so viele Fassaden

Du führst uns wie Soldaten,
Doch ein Soldat bist du nicht,
Viel zu selten, wir
Angesicht zu Angesicht

Und baust dir einen Thron,
Auf meinem Herzen,
In meiner Brust,
Mit jedem Aufschlag deines Zepters,
Wird es mir mehr und schmerzlich bewusst

Wenn du gelangweilt auf ihm liegst,
Aufreizen drapiert,
Unter dir ein Reich,
Nur von dir regiert

Deine Liebe hat System,
Hat Herrscher und Knecht,
Deine Faust ist eisern,
Und nicht immer gerecht

Vor deinem Thron kniend,
Lastest du auf meinem Herz,
Schwer und schwer,
Und du liebst mich,
Doch vollkommen totalitär.


Tamina S. Hägler

(Illustration von Charlotte Saischowa: inspiriert zum Text *Totalität*)

# Morgens in der Küche

Ein Lächeln wie duftiger Tee
und Worte wie sommerliche Wolkenbrüche,
prasseln nieder auf mich,
jedes Mal wenn ich dich sehe.
Und Nebelschleier in deinen Augen,
als du aufrecht in meiner Küche stehst
und durch das Fenster starrst.
Und Silben von gestern Nacht hängen zwischen uns,
wie Dunst aufgekocht, aus alten tiefen Wassern.
Und wir beide haben doch Angst vor dem Tauchen.
Doch trotzdem nahmst du meine Hand,
tauchtest ein mit mir,
in bereits aufgepeitschte Gewässer
und ich schleppte uns beide
wieder auf das kleine Rettungsboot,
als du dachtest zu ertrinken, in Erinnerungen.
Und du sagtest mir es sei nur ein Vorgeschmack
und ich dein Rettungsring.

Jetzt stehen wir beide da,
und der Fernseher läuft.
Bunte Bilder und Emotionen
flackern über den Bildschirm,
die wir nachvollziehen können,
aber nicht ganz.
Beide noch durchtränkt
und triefen von den Worten,
welche wir sprachen.
Als du mein Fahrrad nach Hause schobst
und ich uns hielt.
Und du mich mit dir tauchen liest,
obwohl es schwer war,

wirklich schwer für dich und mich.

Als ich die dunklen Fluten sah,
die ich immer aus deiner Brust habe raus rauschen
hören,
jedem deiner Worte.
Dein Blick löst sich von meinem Garten
und du drehst dich zu mir um.
Dein langes T-Shirt schwingt unbekümmert um deine
Beine
und du lächelst und sagst etwas.
Der Ozean in dir klingt ruhiger.
Und ich erwidere dein Lächeln.

Tamina S. Hägler

# Winterschlaf

Verzeih mir, dass ich deine Hand nicht halten kann
und dich anschaue,
wie du sie mir entgegenstreckst,
hoffend, dass ich sie ergreife.
Doch stampft ungeduldig mit dem Fuß.
Hör auf mit der Lippe zu zittern.
Hör auf, an meiner Decke zu ziehen.
Hör auf
Ich-
Mein Flussbett ist leer.
Der Winter liegt auf mir.
Meine Vögel sind fortgeflogen.
Hör auf, denn in mir ist gerade nichts, dass du
aufscheuchen könntest.
Keine Sonne an den Horizont zu ziehen.
Keine Blume, die für dich blühen könnte.
Kein Herzschlag, der für dich flattern könnte.
Senke deine Hand und beruhige deinen Fuß.
Und hör auf.
Hör auf, von mir zu erwarten den Schritt zu dir zu tun.
Und komm zu mir.
Lege dich auf meine kargen Felder.
Schlafe in meiner frostklaren Nacht.
Und lege dein Herz an meins,
Sodass meines sich wieder an seinen Herzschlag erinnern
kann
Ruhe mit mir.
Komm ins Bett.
Ich bin erschöpft.

Tamina S. Hägler

# Unendlich tiefes Fallen

Lass mich bitte
Weiter in das
unendlich
tiefe
schwarze
Loch sinken.
Dort muss ich mich nicht betrinken,
um zu versinken,
in meine
eigenen Gedanken,
die schwerer liegen
als sie wiegen.
Ich versuche die Emotionen
zu vergraben,
denn ich
versage.
Mal wieder
und ich werde
paranoider.

Das Leben ist
ein
für und wieder.
Und ich Handel mir
wieder Ärger,
mit mir
selber.
Meine Zweifel werden
immer
stärker und härter.
Doch ich bin mir
im Klaren:

Ich falle auch
mit Engelsflügeln
und lasse
mich nicht
totprügeln.
Ich fühle den
ganzen Schmerz
mit
meinem
gebrochenen Herz`.

Julia Dargel

# Freundschaften, Beziehungen, Veränderungen

Ein Strich hier,
ein Strich da.
Du warst und bist das Bild,
welches ich sah.
Ob nah,
ob fern,
du bist immer für mich da
und dafür bin ich
dir dankbar.

Julia Dargel

Heute ist der Tag,
an dem deine Zukunft beginnt
und die Vergangenheit verschwind't.
Du hast das Ticket in die Freiheit gelöst
und bevor du darauf anstößt,
bekommst du Panik,
da du dich von deinem Rhythmus ablöst.
Doch was ist Gregorianik
und was lerntest du über Quantenmechanik,
wenn du solche Angst verspürst?
Du sammelst Momente,
die du kürst.
Du sitzt in der ersten Reihe deines Lebens,
welches sich von alleine aufführt
und auch wenn es manchmal abwährtsfährt,
wird es im nächsten Moment aufwärtsfahren.
Du brauchst keine Hilfsmittel
und kein Schmerzmittel.
Du suchst nicht mehr verzweifelt nach Stilmittel
und warst noch nie der Typ für Lösungsmittel.
Du trägst auch keinen derartigen Titel
und trotzdem ich dich gerne zum neuen Kapitel.

Julia Dargel

Ich werde immer die Person sein, die..

1. sagt „Es ist vollkommen okay, ich verstehe dich", auch wenn mein Herz langsam zerbricht.

2. die du mit deinem psychischen und physischen Handeln gebrochen hast, obwohl ich mich endlich reparieren konnte.

3. dir nicht im Weg stehen wird, auch wenn ich innerlich breche.

4. sich geopfert hat, um das Leben zu spüren und mit dir nun in den Abgrund stürzt.

5. deine Gefühle akzeptiert, auch wenn ich in Tränen ausbrechen.

6. die nicht ersetzen kann, obwohl du mich schon längst ersetzt hast.

Julia Dargel

# Jetzt und Hier

Manchmal merke ich, dass ich verlier
und trotzdem bin ich noch bei dir.
Denn du warst mein Elixier
und wir waren wir.

Ich war der blinde Passagier
auf dieser Reise mit dir.
War voller Neugier,
denn ich war nicht von hier
und war in deinem Leben nur ein Souvenir.

Du warst voller Gier,
nahmst mich in Visier
und sperrtest mich in dein Revier.
Ich dachte, ich erfrier,
das waren nicht wir.
Wir lebten nie im jetzt und hier.

Julia Dargel

# Dich durch meine Augen

Warum zweifelst du so oft an dir selbst?
Warum du dir selber nicht gefällst?
Du beklagst dich zu oft was nicht gelungen ,
aber lässt außer Acht was du schon alles geschafft.
Bist Perfektionist doch was ist schon perfekt?
Wenn du dich durch meine Augen sehen könntest,
wüsstest du es.

Sarah Kraatz

# Dinge die sich ändern

Hey, irgendwie vermiss ich dich,
mit einem strahlendem Lächeln im Gesicht,
wie du über meine Witze lachst,
wir quatschen bis  in die Nacht
und du neben mir am nächsten Morgen wieder
aufwachst.

Hey, irgendwie vermisse ich uns,
schworen Freundschaft für die Ewigkeit,
wussten immer, was der Andere meint.
Haben viel Zeit zusammen verbracht
und klar hat es manchmal auch gekracht.
Doch nichts schien uns auseinander zu biegen
und die Zeit mit dir wie zu verfliegen.

Hey, irgendwie vermiss ich mich,
mit einem strahlendem Lächeln im Gesicht,
wie ich über deine Witze lache,
wir Pyjamapartys machen
und ich neben dir am nächsten Morgen wieder aufwache.

Doch die alten Zeiten sind
nun Vergangenheit
und mit ihnen auch unsere Verbundenheit.
Klar wir sehen uns ab und zu
oder grüßen uns mal auf dem Flur.
Doch es ist nicht wie es einmal war…
Ich dachte ganz lange,
dass ist ein Problem für mich,
doch nun weiß ich,
dass Dinge sowie Menschen sich ändern.
Und ehrlich, Veränderung tut gut.
Denn heute lache ich über die Witze von anderen,

und finde immer mehr zu mir,
doch ich bin auch super dankbar

für die wundervolle Zeit damals mit dir.

Sarah Kraatz

# Heizung, Wolke, Tee

Es ist November,
ich gucke aus dem Fenster,
überall graue Regenwolken zu sehen.
Wie schön wäre es jetzt mit dir
hier drinnen zu sitzen
und die Heizung aufzudrehen.
Ich denke an die Zeiten,
in denen wir Tee tranken
und in unserer Liebe versanken.
Wir waren so glücklich nur zu zweit,
nun plagt mich die Einsamkeit.

(entstanden aus den drei Wörtern des Titels)

Sarah Kraatz

# 18. August

Eine kleine Löwin
mit rehbraunen Augen
und gelber Mütze

Mit großem Herzen
und viel Platz
für grünen Tee

Amy L. Nadolski

Ich liebe dein Lächeln
Und dein Lachen-
Deine Augen,
Und wenn sie vor Begeisterung leuchten
Ich liebe deinen Humor
Und wie du es schaffst,
Mich glücklich zu stimmen.

Amy L. Nadolski

# Fahrradfahren

Eins, zwei, Tepp.
Eins, drei, Scheiße.
Und ich sag zu dir, ich kann nicht tanzen.
Du lachst und meinst, ich kann nicht zählen.
Du nimmst meine Hand und versuchst mich zu führen.

Aber noch weniger kann ich Frau tanzen,
mach mal lieber Du 'ne Drehung.
Und 'ne Zweite aber rechts rum.
Und dann zähl noch mal für mich.
Eigentlich brauch ich das zwar nicht,
aber ich mag deine Stimme
und die Art wie du zwo statt zwei sagst.
Ich mag die Art, wie du um den Bierkasten tanzt–
Walzer für Dorfbums nennst du das.

Ach Mascha,
ich würde dich gern anrufen.
Und ich tu's dann doch nicht.
Aber glaub mir, jeden Tag, an dem ich es nicht tue,
Da tue ich es fast.

Oh Mascha,
Immer wenn es regnet,
Dann denk ich an dein Tanzen und glaub mir,
Hier im Norden regnet's oft.

Manche werfen mir vor, ich hinge in der Vergangenheit.
Dabei lass ich die Vergangenheit nur nochmal
gegenwärtig sein.
Vielleicht auch zweimal.
Oder viermal zu viel.

Und dann wünsch ich mir,
wir würden nochmal auf dem Boden in der Schule liegen
und mit unseren Händen
Smileys in Schimmel und Staub malen.

Meine Finger zeichnen,
Und deine Finger krakeln.
Der Bildungsauftrag besteht im Kaffeesatz von vor 'ner
Woche
Denn wir haben einfach keine Zeit aufzuräumen, in
unserer Sturm und
Drang Epoche.

Wir beide,
Auf der Bordsteinkante direkt am Aldi
Und ich bin Aristoteles und du bist Vivaldi.
Ich erzähl was pseudophilosophisches von Unendlichkeit

Und frag dich: Was ist für dich Endlichkeit?
Und du antwortest: Endlich am Leben zu sein.
Dann schreibst du Partituren über Italien
und wie es war im Winter und im Sommer.

Hast du mein Zippo gestern mitgenommen?
Alles nach dem Schnaps is so komisch verschwommen

Mein Kopf dröhnt, du lachst mich aus
Und aus deinen Augen schauen liebevolle Blicke raus.

Gib mal Dings,
Hier,
Gib ma
Gib ma nochmal die Drachenzungen von Hitschler,

Gib mir bisschen Liebe so wie gestern.

Ab morgen werde ich Künstler!
Und ab übermorgen lern ich gendern.

Ich mal dir aus Worten ein Bild über Nacht.
Ich bau dir ne Kirche für deinen Größenwahn.
Für deinen Gottkomplex 'ne Villa.
Ich bau Metaphern wie Türme und will wissen, was du
dazu sagst.

Und Du klaust mit mir
ein Umleitungsschild
gegenüber von der Tanke.
Und wir schrammen mit dem Fahrrad betrunken an den
Leitplanken.
Und dann lachen wir uns aus.

Du gibst mir paar Chesterfield.
Aber nur für 7, denn ab 8 ist es eine Sucht.


Und wir sind schon süchtig nach so Vielem.

Wir sind süchtig nach genug.
Du schenkst mir deinen Rauch.
Ich schenk ihn dir zurück.

Ey wenn Frau Spiegel wüsste,
Wer wir beide geworden sind—
Zwei Jongleure der Wehmut
und mit der Nase im Wind.
Du sagst, Frau Spiegel wäre nicht enttäuscht,

Wenn sie sähe, was sie in uns schuf.

Und das glaub ich auch.
Denn Frau Spiegel baut aus Hindernissen Umwege
Und ist eine in sich schlüssig sprechende Metapher fürs
Leben.

Es gibt für uns immer nur der Nase nach,
Deswegen ziehen wir Rotze im Winter wieder hoch,
Das Atmen macht mich krank,
Du machst mich wieder gesund.
Puste mich nochmal an, denn ich mag den Geschmack
von Rotwein in PET aus deinem Mund.

Ich schenk dir zum Geburtstag Rolltreppefahren im
Kaufhaus.
Du sagst der Himmel ist weiter oben,
ich deute auf die Treppe und sage: Dann immer
geradeaus!
Wir waren schon immer die Besten im Diebe spielen.

Verbrecher im Schwarz und nachts sind Alle Katzen
grau.
Und wir klettern über Friedhofsmauern und durch
Fensterläden.

Is keine Straftat,
Da stand auch kein Schild,
Nein, Da ist nur offen gewesen.
Und wir baden von mitte März bis Januar im selben See.
Du lachst dreckig hinter der Kamera,
während ich lerne,
wie du übers Wasser zu gehen.

Gottkomplex ist untertrieben,
Du erklärst mir, wie man Euphemismus buchstabiert.

Danach ein „Ja und Amen"
Und du hast mich indoktriniert.
Ich hab schon immer an dich geglaubt.

Ich glaub du hast das nie ganz kapiert.

Ach Mascha,
ich würd dich gern anrufen.
Und ich tu's dann doch nicht.
Aber glaub mir,
jeden Tag, an dem ich es nicht tue,
Da tue ich es fast.

Oh Mascha,
Immer wenn es regnet,
Dann denk ich an dein Krakeln und dein Italien
und glaub mir,
Ja hier im Norden regnet's oft.

Ich seh dich immer mit geschlossenen Augen,

Wie du versuchst übers Wasser zu laufen.

Und diese Blaupause vor meinen Augen
wird vermutlich nie ganz verschwinden.

Ach Mascha,
je länger ich dich nicht sehe,

Hoffe ich, sie bleibt für immer.

Ist wie Tanzen, sagst du.
Oder Fahrradfahren,
Fast wie übers Wasser gehen, Genau wie du und ich.

Man lernt es einmal und dann verlernt man sowas nicht.
Und ich finde es schön,
was du da sagst,
denn du hast Recht.

Wir beide sind wie Fahrradfahren
mit Gegenwind und Regen und Schotterweg nach
Petersdorf.

Aber wir verlernen's nicht.


Ach Mascha,
Ich hab deinen Vater länger nicht gesehen.
Ich frag mich, ob du ihm endlich den Zaun gebaut hast,

den er immer wollte.
Ob du deiner Mutter
immer noch das Halbe schuldig bist.
Vermutlich schon,
ich meine sowas ändert sich ja nicht.
Und ich finds erstaunlich,
wie verdammt gut du in deine Nase hineingewachsen
bist.

Ach Mascha,
ich würd dich wahnsinnig gerne anrufen.

Und ich tu's dann doch nicht.
Aber glaub mir,
jeden Tag, an dem ich es nicht tue,
Da tue ich es fast.
Vielleicht ja morgen.
Immerhin soll's morgen regnen.

Denn immer wenn es regnet,
Dann denk ich an uns beide.
Und glaub mir,
Ja hier im Norden,

Hier regnet's verdammt oft.

Jordan Hirsch

# Pfirsiche schälen

Wovon träumst du?
Frage ich dich.
Und Du sagst,
du siehst mich in der Küche deiner Eltern stehen.
Mit dem Rücken zu dir,
Pfirsiche schälen,
was eigentlich eine echt beschissene Arbeit ist,
aber in deiner Vorstellung,
Da mache ich das gerne.
Und vor dem Fenster ist September,
ein rauchiger Nachmittag.
Du sagst,
du träumst deine Zukunft und siehst mich
in 20 Jahren.

Vielleicht noch ein Stückchen größer als heute,
aber dein Kopf passt immer noch gut
in meine Halsbeuge.
Du stellst dich manchmal auf die Zehenspitzen,
um mich zu küssen.
Aber nicht,
weil du das müsstest,
nein eher,
weil du es manchmal schön findest,
Wenn du dich dann größer denkst als mich.
Ich glaube dir auch so,
dass du ein Stückchen größer bist als ich.
Ich schau zu dir auf.
Und du bewunderst meine Art zu reden.
Aber ich mag es auch,
wenn du dich auf meine Stahlkappen stellst.
Und ich liebe, wie ich dich dann festhalte,
damit du mich nicht nach hinten überfällst.

– auch noch in 20 Jahren.

Du sagst,
du träumst von deinem Dorf
und es ist ein paar Jahre älter
und von uns beiden darin,
Ewigkeiten später.
20 Jahre,
das ist wie nochmal
unser gesamtes Leben miteinander.
Du träumst von Rasen mähen im Vorgarten,
Von einer Wiese und Ringelblumen in gelb.
Von einer halbgebauten Sauna,
und ein bisschen vielleicht auch
von einem weißen Klingelschild,
Neben dem Briefkasten,
auf dem mein Name steht.
Buchweizenhonig zum Frühstück auf Brötchen,
weil du unfassbar gerne Brötchen isst.
Du träumst von morgens Brötchen holen für zwei.
Und von Kaffee,
den es bei dir nur türkisch gibt
– Du träumst von frischem Wind und Bettwäsche,
die im ersten Stock aus den Fenstern hängt.

Du träumst von uns Beiden.
Und einem Bett und lange schlafen an Sonntagen
und Bier in Gartenstühlen vor Feuerschalen.
Von Sirup, der unser Leben süßer macht,
Und von irrelevanten Uhrzeiten,
Von einer Zeit, in der du nichts verpasst.
Du sagst, du träumst von einem Leben.
Du träumst vom Leben teilen mit mir.

Aber wenn ich ehrlich bin,
dann träume ich das auch.
Ich träume von deinem Hof.

Mit drei Katzen und Hühnern,
mit Obstbäumen und Tauben.
Und von dir mit kürzerem Haar und noch graueren
Augen.
Nicht alt geworden,
Nie aus der Mode gekommen,
Immer nur du und ich geblieben.
Und in meiner Zukunft,
da zeigst du mir,
wie man Zäune um ein paar Beete baut und wie man
Pfirsiche kocht.
Und dann koche ich im September Pfirsiche ein,
und ich tue das nur dir zu Liebe.

Ich träume von Kaffee an Frühlingstagen
und von deiner Veranda vor dem Haus.
Ich träume
von einem Doppelbett im Schlafzimmer deiner Eltern,
ich träume vom Ausschlafen neben dir.
Vom morgens leise Katzenfutter öffnen,
damit du weiter schlafen kannst,
vom Leben neben dir,
ohne dass irgendjemand was dazu sagt.
Vom in die Stadt fahren und einkaufen
und sehr viel von dem kaufen, was du gerne magst.
Ich träume von einem Blick auf den See
und bis in den Oktober baden.
Ich stell mir dich vor beim Fahrradfahren,
Ich stell mich dich vor beim Hühner füttern
im hinteren Teil des Gartens,
Und Sachen finden,
wie Pfennigstücke und Keramiktassen.

Und wenn ich sehr ehrlich bin,

dann träume ich sehr leise
und auch nur ganz tief in der Nacht

von dir und von dem Tag,
an dem ich dich nicht mehr besuchen muss.
Der Tag, an dem wir eins geworden sind.
Und wir stehen vor dem Schiff ohne Turm in deinem
Dorf
und kippen Hubertustropfen.
Wie damals in der Schule würde ich dann sagen.
Wie damals in der Schule,
als wir beide noch sehr viel jünger aussahen
und heimlich auf den Bänken saßen.
Als wir uns zwischen Geschichte und Englisch heimlich
getroffen haben.
Und ich mochte dich schon damals und du mich
irgendwie auch.
Aber wir waren noch nicht so weit,
weil diese eine schöne Sache im Leben
meistens immer Ewigkeiten braucht.
Und ich träume leise davon,
wie ich dir sage, dass ich dich mehr als liebe.
Dass du für mich mein für immer bist.
Und dass ich für dich,
wie dein Opa für deine Oma,
auch bei dir bleibe, wenn du das willst.

Von was träumst du?
frage ich dich,
während du neben mir im Dunkeln liegst.
Meine Wimpern huschen an deinen Wangen vorbei
und du grinst davon, und lächelst leise.
Und wir sind wieder in dem Raum,
mit den zwei Türen und den zwei Matratzen auf dem
Boden.
Die Matratzen,
Die ich, bevor wir schlafen,
immer nochmal zusammenschieben muss,
weil du ansonsten in der Lücke liegst.

Und ein paar Flaschen neben uns.
Und ich stell dir eine Frage,
und du antwortest wie immer sehr schön darauf,
sodass ich innerlich wieder Pfirsiche schäle für dich.
Und dann tanzen wir einen Walzer,
zumindest so halb.
Aber du sagst, wir haben noch Ewigkeiten Zeit,
um mir das richtig beizubringen.
Denn wenn wir die Uhr nicht sehen,
dann kann sie uns auch nicht sehen.

Wovon träumst du?
Denn ich träume von uns,
auch wenn bis dahin noch alles passieren kann.
Aber wenn es sehr dunkel ist und nachts,
Dann fühlt es sich so an,
als wäre das alles gar nicht so weit weg.

Wovon träumst du?
Denn ich träume von uns,
auch wenn bis dahin noch alles passieren kann.
Aber wenn es sehr dunkel ist und nachts,
Dann fühlt es sich so an,
als wäre das alles gar nicht so weit weg.

Ich kann ohne dich.
Das wissen wir beide.
Und es bringt mich nicht um,
wenn du nicht da bist.
Aber es macht mich weniger lebendig,
Wenn du fehlst.
Und ich hab erst mit dir verstanden,
was Gundermann damit meint,
wenn er sagt, dass ich mich nicht erinnern kann,
warum ich grad bei dir hängen geblieben bin.
Und Olli Schulz singt von etwas,
das gut ist und dann ein Leben lang passiert

und immer, wenn ich das höre,
dann hoffe ich, dass du mir immer wieder passierst.
Am liebsten wäre es mir, du würdest damit nicht
aufhören.

Ich weiß nicht genau,
welches Frühlingsgewitter mich zu dir nach Hause
brachte.
Aber ich erinnere mich an Rotwein in der Küche deiner
Oma
und Füße ohne Schuhe im Schnee.
Und schnellere Schritte und helleres Herzklopfen,
wenn ich an deiner Türschwelle steh.

Ich weiß nicht genau,
was ich morgen anziehe oder wie das Wetter übermorgen
wird.
Aber wenn ich daran denke,
dass ich dich habe,
dann geht die Sonne
über meinem inneren Himalaya auf.
Und das gefällt mir irgendwie.
Und wenn ich in deiner Einfahrt steh'
Dann träume ich davon, dass aus unserem kleinen Raum,
den wir uns gebaut haben,
etwas wird wie das Haus,
in dem du aufgewachsen bist.

Jordan Hirsch

(Illustration von Jordan Hirsch zum Text *Pfirsiche schälen*)

# unumgänglich: eigenartig-einzigartig

Eigenartig.

Ich glaubte,
Uns gefunden zu haben.
Stets der Gedanke, das Glas sei halb gefüllt.
Nur, wie sollte ich „Uns" finden,
wenn die Suche bei mir lag.
So kann ich jetzt getrost sagen,
Es hat sich als neuer Fehltritt enthüllt.

Bei jedem Auf und jedem Ab,
Bei jeder Träne, jedem Lachen,
Dachte ich Du und Ich
Freundschaftlich
Einzigartig.

Eigenartig.

Es ist Ansichtssache.
Und wer aufgibt, hat bereits verloren;
Aber ich muss meine Seele schonen,
Gesunder Egoismus
Nun bin ich am Zug.
Aus jetziger Sicht, Aus heutiger Empfindung
War's naiver Selbstbetrug.

Und bei jedem Auf und jedem Ab,
Jeder Träne, jedem Lachen
Dachte ich
Du und Ich
…
Ja.

Es schmerzt
Wenn ich ans „Uns" denke,
wenn ich an uns denke.
Geteilte Jugendzeit
von Starrsinn befreit auch geteiltes Leid
und tiefgründige Gemeinsamkeit.
Selbstverständlich,
bei Tag, Mittag oder
Nacht im Zimmer, im Auto, auf'm Steg
haben wir gescherzt und gelacht,
Faxen gemacht, Musik geballert, dass es über Land und
Leute schallert
getrieben vom Irrsinn, von Wahnsinn und Fantasie
Zusammen: Schule, Abenteuer, Euphorie.

Ja.
Von Gemeinsam zu einsam.
Neologistisch:
Freundschaftsliebeskummer.
Aber unsere Zeit vergesse ich nie,
Nie und nimmer!
Ich kann von uns so viel berichten und erzählen,
Und ich werde mich nicht scheuen;
Ich werde es nicht lassen,
Nicht aufhören mich zu erinnern,
Denn den Weg, den wir gingen
Wir werden ihn nicht bereuen,
Wir konnten ihn frei wählen.

Eigenartig.

Und ich schreibe diese Zeilen
Ich weiß nicht, was das hier heißt.
Vermutung. Ende und Neustart.
Aber wer drückt Reset von uns beiden?

Und bei jedem Auf und jedem Ab,

jeder Träne, jedem Lachen
…

Die Polaroids behalte ich,
bewahre ich,
betrachte ich:
Dich und mich.
Momente auf ewig.

Ja.
Es birgt sich ein Ende.

Eigenartig.
Ich denke, es ergibt Sinn.
Für jede Etappe einen Begleiter.
In jedem Auf war ein Lachen,
In jedem Ab 'ne Träne drin.
Nicht gesucht und geglaubt gefunden.
Für uns,
geht es weiter.
Und ehe man sich versieht
bist Du verschwunden;
 unsere Zeit verfliegt.

Ja.
Eigenartig.

Und ich weiß jetzt endlich,
Was es heißt,
Ich weiß,
Dass das *hier*
nicht Verlust meint,
sondern eins:

Dass es schön war und ich leben konnte,
Nicht alles gut tat,
Aber schweben wollte.
Wir uns hatten In Freiheit und mit Leichtsinn,

Den du mir gabst,
Auf uns zählen konnten,
Du mir gut tatst,
Da warst.
Mich erweitert hast.

Und heute verstehe ich:
Es war kein naiver Selbstbetrug,
Sondern geben und nehmen
lehren und leben
Und auch, wenn es schmerzt
So war es richtig,
so war es einzigartig,
so ist es eigenartig.

Und heute versteh ich:
Ich wurde fündig.

Bei jedem Auf und jedem Ab,
Jeder Träne jedem Lachen,
Waren Du und Ich,
Freundschaftlich
Unumgänglich: eigenartig-einzigartig.

Moritz S. Ritter

# Komplett unperfekt

Unperfekt, unvollkommen, unpässlich.

Du und Ich,
allein in diesem Raum und wir beide wissen ganz genau.
Das hier ist für uns beide unperfekt.

Unperfekt,
da du nicht das spürst,
was ich gerade spüre.
Unperfekt,
da du mich nicht mehr ansiehst,
so wie ich dich einst mal ansah.
Unperfekt,
sind wir und das surrealistische Bild,
welches vor uns an einer
grellen, schlichten, leeren, weißen Wand hängt.
Es ist genauso unperfekt wie wir.

Das alles ist hier so unvollkommen.
Doch machen wir es unvollkommen
oder war es schon immer so?
Waren wir doch nicht so perfekt, wie ich eins dachte?
Waren wir doch kein Dream-Team, wie uns alle nannten?
Waren wir nicht einfach wir?

Wir waren,
wie Bonnie und Clyde,
wie Salz und Pfeffer,
wie Pech und Schwefel.
Wir waren ...
Wir waren nicht komplementär.

Dein Abbild war nie gelb,
es zeigte mir nie die Wärme.
Dein Abbild schenkte mir nie den Optimismus,
den ich brauchte.

Stattdessen zierte dich das blau.
Blau,
da du immer loyal zu mir warst.
Wir waren verbunden.

Blau,
da du mir deine innere Stärke bewiesen hast.
Wir waren emotional.
Du warst für mich da,
obwohl du selber schwierige Phasen meistern musstest.
Du warst der Denker fürs uns
und der Philosoph in mir.

Du hast die weißen Striche
in meiner unpässlichen Orchidee gezogen.
In meinen unpässlichen Katzen.
Du hast mir meine Unendlichkeit geschenkt.

Meine Unsterblichkeit.
Meine Unschuld.
Meine Freude.

Ich bewegte mich so langsam ins Liliane.
Ich war traurig, habe dich gehen lassen, da ich dachte,
dass Einsamkeit mir gut stehe.
Unpässlich war ich.
Ich war ein Individualist und du ein Herdentier.
Ich war ruhig und du laut.
Ich wollte so vieles von dir, aber wir waren Gegensätze.
Wir waren anders.

Widersprüche, Antagonisten.
Ja, das waren wir.

Wir schreiten uns an.
Meinungsverschiedenheit.
Wir lachten zusammen.
Freude.
Wir waren jung.
Naivität.
Wir waren einfach wir.
Unperfekt.

Meine Orchidee,
die wir eins formten,
welche so unperfekt schien
durch ihre verschiedenen Blattformen,
ist heute immer noch da.
Sie ist nicht gegangen,
so wie du.
Sie gibt mir das Gefühl von Sehnsucht nach dir.
Sie widerspiegelt unsere Schönheit.
Unsere Leidenschaft.
Unsere Geheimnisse.
Sie zeigt mir jedes Mal,
dass diese Welt nicht perfekt ist.
Dass wir nicht perfekt waren.
Sie zeigt,
dass alles mehr Schein als Sein war,
dass die Wirklichkeit nicht perfekt ist und nicht real.
Sie zeigt uns,
dass nichts auf dieser Welt perfekt sein kann,
so wie wir es uns wünschen.

Wünsche erfüllen sich nur in Träumen.
Dort,

wo die Fantasie lebt.
Dort,
wo die Realität stirbt.
Dort,
wo alles so normal scheint.
Dort,
wo ich auf Wolke 7 lebe.
Dort,
wo alles unperfekt ist.

Mein lilanes Ich
macht vor Träumen kein Stopp.
Es hält nicht an. Es wartet nicht. Es ist da.
Trauer und Einsamkeit sind hier verflossen
und spielen keine Rolle mehr.
Keine Rolle mehr für mich,
denn hier bin ich geschützt vor dir und geschützt vor mir.
Wenn du nicht hier bist,
ist alles so geheimnisvoll, so rätselhaft, so mystisch.

Die zweiköpfige Katze sieht mich.
Mustert mich. Umschlingt mich. Erstickt mich!
Sie zieht die Orchidee in ihren Bann.
Die Orchidee,
die mir das Leben und meine Weiblichkeit schenkt.
Meine Individualität spiegelt sich in den Katzen wider.
Sie verkörpern meine Gefühlswelt.
Mein Ich.
Sie zeigen meine beiden Seiten,
die ich besitze, seitdem ich dich kenne. Seitdem ich mich
kennengelernt habe.
Sie schauen mir tief in meine Augen.
Tief in meine Seele
und wirken so unheimlich.
Sie verkörpern mein Gut und Böse.

Sie leuchten mir den Weg in der Dunkelheit, wenn ich
keine klare Sicht besitze.
Genau in der Dunkelheit,
in welcher ich gerade stehe und uns betrachte. Unser
Bild. Unser Leben. Unsere Welt.
Das Bild hat immer geleuchtet,
doch seitdem ich es verkauft habe,
leuchtet es nun woanders.
In einem anderen Haus. In einem anderen Zimmer. Bei
einer anderen Familie. Bei einer anderen Person. Mit
einer neuen Geschichte.
Es widerspiegelt nun ein anderes Bild, welches es bei
mir hatte.
Es war die Weiblichkeit,
welches den Käufer dazu brachte, unsere Geschichte zu
kaufen.
Es war die Liebe zu Katzen,
die den Käufer an das Bild heranzog. Es waren die
beiden verschiedenen Seiten, die jede Person besitzt.
Die wir besaßen.
Es war die Unperfektheit in einem Bild.

Julia Dargel

# Das Leben
## & seine Facetten

# Das Spiel des Lebens

Und das Leben spielt sein Spiel,
gegen jeden Strich.
Und wer glaubt,
er wisse viel;
Tja, der irrt sich.

Denn jede Planung und die Zeit,
alles sind Illusionen.
Logisch verknüpft und kombiniert,
sollen sie Chaos schonen.
Doch das Leben spielt sein Spiel,
gegen jeden Strich.
Gegen Routine und Disziplin.
Und gegen mich,
und dich, uns alle,
ganz offensichtlich.

Denn wer glaubt,
er wisse viel;
Der irrt sich.
Der versteht nicht:
Das Leben spielt sein Spiel.
Mit allen Aufs und Abs,
und gegen jeden Strich.
Ob gerade, schief oder mit Mustern,
die Striche kreuzen sich,
und jede Parallele wird gebrochen,
und Schnittpunkte zeigen,
wir sind verbunden.
Und alles verwirrt sich,
alles verirrt sich,
ganz willkürlich,
alles wird wirklich.

Und plötzlich!
Trotz all deines Wissens und jeder definierten Sekunde,
realisiert du:
Das Leben spielt sein Spiel,
es beginnt die nächste Runde.
Und das Spiel läuft,
gegen jeden Strich.
Und wer glaubt,
er wisse alles,
kennt die Regeln nicht.

Moritz S. Ritter

# Buntglasflügel

Blutende
        Schmetterlinge
                mit Buntglasflügeln
fallen herab aus dem Himmel flirrende Wolken die
träumetropfend auf uns niederregnen singend die
Lieder der Vögel welche sie zerrupften
als sie
        es wagten
            zu fliegen
wie wir die den Umsturz lieben und sich in zerbrochene
Fenster betten um von schillernden Trümmern
zu träumen und Vögel zu fressen wenn sie sich
zu tief
        zu uns
            hinab wagen
und unsere Zähne blau färben mit dem Goldblut
der Himmelsherrscher deren Leitern wir zu erklimmen
suchen mit gierigen Herzen gefaltet aus
Werbeprospekten
um nicht zu fallen wie
blutende
        Schmetterlinge
                mit Buntglasflügeln

Tamina S. Hägler

# Die Klage

Ist ein jenes Leben eine Klage?
Ein Stein,
gebündelter Worte-
Mit Staub bedeckt,
mal ganz neu entdeckt-
Eine Fassade grau und kalt.

Frida Tomschin

# Die Hierarchie

Ist es nur der Schein
der uns ermüden lässt?
Eins Diskurs der das Betrügen küsst-
*Realist!*
Schreit er mit erblöstem Gesicht
Du bist was keiner vermisst!
Wer hinterfragt schon Sachen,
die alltäglich sind
Ohne zu wissen,
wie die Realität jedem Leben
den Hauch an Freude nimmt?

Frida Tomschin

# BeReal

**BeReal.**
BeReal.
Sei ehrlich.
Sei realistisch.
Sei authentisch.
Sei echt. Sei du.
Wie soll ich zu anderen ehrlich sein,
wenn ich nicht mal ehrlich zu mir selbst bin?
Wie soll ich realistisch sein,
wenn die Realität weiter entfernt ist als die Illusion?
Wie soll ich authentisch sein,
wenn jeder nur gestellt ist?
Wie soll ich echt sein,
wenn alle anderen nicht sie selbst sind?
Wie soll Ich,
ICH sein,
wenn ich nicht weiß,
wer ich selbst bin?

Julia Dargel

# Englisch

# Dying Rose

You stand up high on your mountain
Your smile shoots right into my heart
Didn´t i tought about it?
I´m standing still and be your part

I can´t even remember a life without you,
but I´m gone, I´m so far away from love
you give me a last kiss on my nose
i will come back to you my dying rose

the road cuts my head in two
It´s hard to drive when i think of you
I´ve still got your smell on my head,
thought my feet feel so dead

Behind every shadow, there must be you
I pray for it so hard, at least
Sometimes I´m sick of thinking
That´s when i started drinking

Why does the world hast o be so mad?
Why does your appearanceseem tob e so still
I´m getting to my dying rose

I don´t think you will wait form y heart
Though you love my heartbeat
I´m standing still right behind the start
My numb feet, they walk backwards

I can´t interpret these feelings right,
but your eyes shine so so bright
I will catch up your smell with my nose
All i want to, is kiss you, my dying rose

Toni Beß

# Darkness In My Room

The working life,
getting up early
Making some strong coffee
That's all

You go racing with your car
Nobody looks at you
It's cold and blistering,
down in the industrial lands

She kissed you and wished you something,
but you don't quite remember
Some guys came back, and their girls were gone

Sense seems to be so far away
Purpose was there, but you shot it with your free spirit
Stranger to your own life

Darkness In My Room
grows within minutes
Darkness In My Room
grows when you're away

You quite the job
You drove home to your girl
She waited,
and you found it

You found purpose
You found love

But in the end, it will stay
Darkness In My Room


Toni Beß

# A moon for you

If I had it in my power,
I would get the moon for you
after just a normal shower
in a day or maybe two.

Because it is just like your smile
shining brighter than a star,
and just like you for still a while
it lives so very far.

But the moon is too important
to let me live my life with you
because it's there for all the constant
movement on our planet, too.

So, I leave it at its place
and admire all its light
up there with the stars in space
to think of you at night.

Berenike Plumhoff

# Creatures of the ocean

Whales want to live their life
like humans want just not to die.
Whales want to swim in the ocean
And want to be free for the rest of their life.
Do you think they want to be sick?
Do you think they want to die?
These creatures are mother nature!
So, dont be silly and tell them to die!
Dont chase them just for fun
Or something else.
Cause you have to know:
One day the earth takes revenge
And this could be the day humanity ends.

Amy L. Nadolski

# Für die Schule entstanden

# Hagridden

Die Gespenster,
die ich rief,
sie kommen zu mir.

Nacht für Nacht,
quälen mich Dämonen
mit ihrer ganzen Pracht.

Ich seh´ sie vor mir,
vor dem Schlafengehen.
In dunklen Ecken,
jeden Raumes.
Wie eine Eule,
sehen sie mich ständig
mit ihren leuchtenden Augen an.

Wir spielen Katz und Maus.
In jeden Traum verfolgen sie mich-
Wache schweißgebadet ständig auf-
Sie lachen über mich.
Ich bete jeden Abend,
um nicht verrückt zu werden,
wie schon die Altvorderen.

Ich werde irre-
Bin nicht ganz bei Sinnen-
Unterscheide nicht zwischen:
Realität und was hat Sinn.
Bin ständig auf der Hut,
um die Geister nicht zu sehen.

Sie treiben mich in den Wahnsinn!

Ich höre ihre Stimmen,
längst nicht mehr,
als nur im Traum.

Ich bin niemand.
Wer sind sie?

(Entstanden im Rahmen eines Referats im
Deutschleistungskurs. Thema:„schwarze Romantik")

Amy L. Nadolski

# Romantischer Augenblick

Und im Chaos der Gezeiten,
Man mag es einfach hinnehmen;
Ersetzt durch Webseiten,
Nichtsdestotrotz bleibt sie bestehen.

Missverstanden und lebendig,
Als albernes, schnulziges, ,Sensibelchen'.
Heute noch, in der Gegenwart beständig,
Ist sie des Gefühls Verfechterin.

Im Jahrhundert des Smartphones, des Klimas, des Virus,
Erwacht eine Sehnsucht, tief in der Seele;
Hier liegt der Grundstein der Notiz auf Papyrus,
Der Mensch empfindet, eine natürliche Leere.

Rückbesinnung, ist das Gebot der Stunde
Globalisierung und Technik bestimmen die Welt,
Einen Moment träumen, nur für eine Sekunde: Ein
romantischer Augenblick erhellt.
Wie damals, ist die Gesellschaft gespalten Philister und
Verschwörer als Gegner deklariert.

Natur, Fantasie und Traum können uns halten;
Bevor die Menschheit das Mensch-Sein verliert.
Und im Chaos der Gezeiten, mit dem Verlangen nach
Normalität, wird sie uns weiter begleiten.
Denn sie leibt, liebt und lebt.

Die Romantik, Verschwunden, war sie nie ganz und gar;
Verdrängt von der harten Realität.
Höher, weiter und immer schneller.
Empfinde und besinne, sonst ist es zu spät.

(Entstanden im Rahmen eines Referats im Deutschleistungskurs.
Thema: „Rezeption der Romantik")
Moritz Sebastian Ritter

# Zwei Welten

Eine unsichtbare Wand durchtrennt den See
Kleine Wellen
Plätschern und rauschen unruhig

Die Eisschicht
Sich vom Ufer teilweise auf den See erstreckt
Ein absoluter Gegensatz
Erstarrt, friedlich
Ohne Eile

Die Hektik der Wellen
Die Ruhe des Eises
In zwei Welten

In eigenen Welten
Keine wie die Andere
Zwei Welten

Henriette Funk

# Vogelfrei

So wie ein Vogel will ich sein,
so unbeschwert und frei.
Sorgenlos am Himmel schweben
und nicht nur einfach so dahin leben.
Auch mal einen Sturzflug wagen,
nicht immer zu allem „ja" sagen.
Lieber im Winter in den Süden fliegen,
als bei Regenwetter im Bett zu liegen.
Die Zeit von Verpflichtungen und to do's vorbei,
denn ich wäre einfach vogelfrei.

Sarah Kraatz

# Danksagung

Zuallererst möchte und MUSS ich meinen Co-Autor:innen danken! Tamina, Julia, Moritz, Lea, Toni, Sophie, Frida, Berenike, Bettina, Sarah, Henriette und Lene. Danke, dass ihr mir eure Texte geschickt habt, darauf vertraut habt, dass wir das Beste draus machen und vor allem: danke, dass ihr an unser Buch geglaubt habt!

Danke auch an mein Gremium, Tamina und Julia, die mir geholfen haben aus den ganzen Texten die fürs Buch passenden auszuwählen. Julia, ich danke dir, dass du dich trotz des ganzen Unistresses bereiterklärt hast dieses tolle Cover zu entwerfen! Und das aus einer grauenhaften Skizze von mir....

Keinen geringeren Anteil an der Fertigstellung haben aber auch meine Freunde & Vertrauenspersonen Amelie, Maurice, Ute, Birgit, Claudia, Simone, Gudrun, Heike, Ulrike und meine Taufpatinnen Anna & Annett! Ihr habt mir immer Mut zugesprochen, an mich geglaubt und habt euch, genau wie ich, schon über das Buch gefreut, als es erst nur eine Idee war. Außerdem habt ihr mir, abgesehen vom Buch, immer beigestanden, wenn auch vielleicht unbewusst...

Vor einem Jahr hätte ich nie damit gerechnet, dieses oder überhaupt ein Buch in den Händen halten und ein „meins", bzw. „unseres", nennen zu können.

Aber auch soooo viele andere. Zum Beispiel Leher:innen wie Frau Dielitzsch (die btw den leckersten Bienenstich macht), Frau Krohn, Frau Soppert, Frau Fuchs. Auch Frau Reilich, die immer, wirklich immer, jedes meiner Gedichte, die ich ihr gegeben habe, gelesen und mir Feedback gegeben hat- Danke! Ich hoffe, das machen wir auch weiterhin so;)

Und naja, eigentlich gilt mein Dank jedem, der mich kennt. Das klingt vielleicht banal, aber es stimmt. Im Grunde wachsen wir durch jede Person, die wir kennenlernen! Deshalb auch danke an den Märkischen Jugendchor, den Neuruppiner A-cappella Chor und die Ruppiner Kantorei!

Ich hasse Danksagungen, aber nicht weil ich nicht dankbar bin, ganz im Gegenteil, sondern viel mehr, weil ich dann kein Ende finde. Aber der größte Dank gilt der Firma Huch, die durch ihre finanzielle Unterstützung, es erst ermöglicht hat dieses Buchprojekt zu starten.

# Autor:innen

**Amy Lynn Nadolski** wurde am 11. März 2004 in Neubrandenburg geboren, lebt aber seit ihrem zweiten Lebensjahr in Neuruppin. 2022 erlang sie ihr Abitur am Karl-Friedrich-Schinkel-Gymnasium. In ihrer

Freizeit singt Amy bereits 6 Jahre im Märkischen Jugendchor und seit 2022 ebenso in der Ruppiner Kantorei und im Neuruppiner A-Cappella-Chor. Ihr erstes Gedicht schrieb sie im Englischunterricht zum Thema Klimawandel. Für den Welttag der Poesie 2022 stand die queere Poetin das erste Mal mit ihren eigenen Texten vor Publikum und steht nun regelmäßig auf der Bühne.
**Funfact:** Ich bin liebe ABBA und Musicals. Vom letzten Musical haben meine Musical-Sis und ich

„Liebeskummer" bekommen.

**Tamina Sophie Hägler** wurde am 19. Januar 2004 in Gelsenkirchen geboren und wuchs teilweise in NRW auf. Sie zeigte schon sehr früh Interesse am Schreiben und erzählte jedem, der ihr zuhörte, ihre Geschichten. Erst richig gefördert wurde Tamina allerdings nach ihrem Umzug nach Cottbus in der Literaturwerkstatt in GLADHOUSE. Sie trat mit 11 Jahren in die Literaturwerkstatt ein und ist noch immer ein Mitglied. Aktuell absolviert sie dort ein FSJ, leitet im Zuge dessen eine offene Bühne für Jugendliche und schreibt so viel sie kann.

**Funfact:** Ich habe mal eine ganze Horde japanischer Touristen zum Schreien gebracht.

**Lea Sophie Gottschalk** wuchs in der Nähe von Berlin auf. Bücher waren schon immer präsent in ihrem Leben. Vor dem Schlafengehen lasen ihre Eltern ihr vor und bald schon konnte sie allein Bücher lesen. Irgendwann entschied Lea, dass sie

Journalistin werden möchte. Sie fing an sich für Politik und Geschichte zu interessieren, belegte im Abitur den Politikleistungskurs. Seit Ende 2021 ist sie beim Club der roten Dichter:innen, einer Lese- und Schreibwerkstatt. Im Jahr 2022 machte Lea ihr Abitur und im kommenden Juli führte sie ein Praktikum bei einer kleinen Lokalzeitung in Neuruppin durch, für welche sie bis heute Artikel schreiben darf. Im September nach dem Abitur ging es für Lea nach Berlin um die Ausbildung zur Medienkauffrau Digital & Print, früher Verlagskauffrau, beim Cornelsen Verlag zu beginnen. Nach dieser Ausbildung würde sie gern Literatur studieren.

**Funfact:** Ich höre viel lieber alter Musik. 70er und 80er!

**Sarah Kraatz** ist 17 Jahre alt. In ihrer Freizeit macht sie gern Musik. Sie spielt Gitarre und singt im Evi-Kammerchor. Ihre ersten Erfahrungen mit Poetry hatte Sarah mit 15, als sie Zuschauer bei einer Young Poetry Open Stage war. Die hat sie so fasziniert, dass sie daraufhin selbst begonnen hat Gedichte zu schreiben und sich sogar getraut das Jahr darauf selbst auf der Bühne zu stehen. „Es hat mich viel Überwindung gekostet, aber dadurch konnte ich wundervolle Menschen kennenlernen, die meine Leidenschaft teilen. Wenn ich mich damals nicht getraut hätte, wäre ich vermutlich auch nicht Teil dieses Buchprojektes geworden. Also einfach mal trauen, man kann an Erfahrungen nur reicher werden.", so Sarah.

**Funfact:** Ich hatte schon sehr viele verschiedene Hobbys: Oboe, Orchester, Reiten, Theater, Schwimmen, Tanzen, Yoga und aktuell Gitarre und Chor.

**Moritz Sebastian Ritter** wurde am 30. August 2003 in Berlin geboren. Er absolvierte 2022 sein Abitur am Karl-Friedrich-Schinkel-Gymnasium und leistet seitdem ein Freiwilliges  Soziales Jahr an der Rosa-Luxemburg-Grundschule in Neuruppin.

Die Berufswünsche Ritters wanderten stets zwischen Arzt, Anwalt, Regisseur oder Lehrer, wobei die Passion zum kreativen Schreiben nie fehlen durfte oder sollte. Bereits als Grundschulkind entwarf Ritter verschiedene Texte, etwa Kurzgeschichten oder Theaterstücke, wobei letztere auch umgesetzt und schulisch aufgeführt wurden. Das Verfassen von Gedichten und Poetry Slams startete er in der Corona Pandemie und führt er seither nach Lust, Zeit und Laune fort.

**Funfact:** Ich esse weder Tomaten noch Käse. Es sei denn der Käse ist überbacken (z.B. auf Pizza) oder es handelt sich um Ketchup.

**Julia Dargel** - geboren am 19.03.2004 – beschreibt ihre Beziehung zur Lyrik so:
Mit dem Schreiben fing sie vor 5 Jahren, durch einen Schicksalsschlag, an. Seitdem steht sie regelmäßig auf Bühnen und performt ihre melancholischen Texte mit kleinen Gänsehautmomenten.
Die Dichtkunst gibt der Mediendesignstudentin nun die Zeit, den Raum sowie die Freiheit, um ihre Gefühle in Worte zu fassen und die Realität mit der Fantasie zu vereinen.
**Funfact:** Ich gebe jedem Tier einen Namen. Ganz egal welches Tier!

**Frida Tomschin**, geboren 2006, besucht derzeit das Karl-Friedrich-Schinkel Gymnasium mit voraussichtlichem Abschluss im Jahr 2024. Frida fing im Alter von 14 Jahren an sich für die Literatur zu begeistern und schrieb erste Gedanken, welche einmal zu Gedichten werden sollten auf. Sie beschreibt sich selbst als sehr aufmerksam und interessiert der Literatur gegenüber. In diesem Buch verfasste sie die Gedichte „In Anbetracht der Zeit", „Die Klage" und „Hierarchie", welche alle die Vergänglichkeit des Lebens widerspiegeln sollen.
**Funfact:** Ich liebe Sarkasmus! Ich verwende ihn eigentlich in fast all meinen Sätzen.

**Berenike Plumhoff**, Jahrgang 1995, lebt und arbeitet als remote Deutschlehrerin in Tampere (Finnland). Zuvor hat sie beim Westermann Bildungsmedienverlag als Redakteurin für Grundschulbücher gearbeitet und in

Hannover Neuere Deutsche Literaturwissenschaft und Advanced Anglophone Studies studiert. Zuletzt wurde ein Beitrag von ihr in „Die Entdeckung Amerikas" (2021, Reiffer Verlag) veröffentlicht. **Funfact:** Mein Traumhaustier wäre eine Schlange, was mitunter an meiner Tierhaarallergie liegt.

**Bettina Nürnberg-Hannemann** wurde am 08. November 1991 in Berlin geboren. Nach dem Abitur studierte sie Gesangs- und Klavierpädagogik an der BTU Cottbus-Senftenberg. Neben der Musik begeisterte sie sich schon im frühen Kindesalter für den kreativen Umgang mit Sprache und schrieb bereits vor Schuleintritt eigene Geschichten und Gedichte.

Im Gesangsunterricht war Bettina regelmäßig von wundervoller Lyrik umgeben, die sie bis heute immer wieder zu eigenen Gedichten und Texten inspiriert. Aktuell arbeitet sie als freiberufliche Gesangs- und Klavierpädagogin.

**Funfact:** Beim rückfährts Einparken muss ich immer das Radio leiser stellen und die Fenster runter machen. (Foto: Christoph Müller)

Hinter dem Künstlernamen **‚Jordan Hirsch'** versteckt sich die 2005 in Stralsund geborene **Lene Dambeck**. Bereits in der Kindheit entdeckt Lene ihre Leidenschaft für Kunst und Kreativität. Während ihrer Schulzeit tritt sie auf Poetry Slams auf und erhält 2022 den Preis für die beste Deutsche Arbeit im Bereich Medien beim europäischen Wettbewerb. Mit ihren sozialkritischen, emotionalen Texten steht sie auch heute noch auf Bühnen und entwickelt sich sich von bloßer Lyrik hin zu kürzeren Erzählungen und Prosatexten. Eine besondere Leidenschaft stellt für Lene das Theater und der Film dar. Nach ihrem Abitur 2023 strebt sie ein Studium am Deutschen Literaturinstitut in Leipzig an, um dort Literarisches Schreiben zu studieren.

**Funfact:** Ich sammle CDs der drei Fragezeichen – mittlerweile habe ich ein ganzes Regal für über 100 Folgen, die ich besitze.

**Sophie Kamann** wurde 2003 in Berlin geboren und wuchs in der Prignitz auf. Das Schreiben begleitet sie schon ihr ganzes Leben lang. Sie ist Mitglied im

Club der roten Dichter:innen sowie bei den 42erAutoren und schreibt Lyrik, Prosa und Theaterstücke, dreht aber auch Poetry-Filme. Ausgezeichnet wurde Sophie Kamann unter anderem mit dem Förderpreis der Gruppe 48 für Lyrik und dem Hauptpreis auf dem JIM-Filmfestival Brandenburg in der Kategorie "Experimental". Seit 2022 studiert sie Rechtswissenschaften in Potsdam.

**Funfact:** In meinem Kopf hat jede Zahl eine Farbe.

**Toni Beß** lebt seit seiner frühesten Kindheit in der Nähe von Berlin.

Seitdem er denken kann, ist die Musik für ihn sein Lebensmittelpunkt gewesen.

Toni war schon als Kind im Chor und lernte früh Schlagzeug und später Gitarre und Bass.

De facto kam er so auch schon früh mit der Lyrik des modernen Songs in Kontakt.  Während der Coronazeit begann er aktiv mit dem Verfassen und Ergründen lyrischer Welten. Für ihn bildet Kunst, in welcher Form auch immer, den Mittelpunkt der Menschheit. Lyrik, Musik und Kunst verbinden die Menschen seit Jahrhunderten, und sind für Toni der Herzschlag unserer Gesellschaft.

"What do you bother to write the poetry for, if we all get different images ? Because I've got nothing else to do, man!" ~Bob Dylan

**Funfact:** Ich bin ein ziemlicher Musik-Nerd und kann dir auf Anhieb 1000 Facts liefern

**Henriette Funk** wurde am 30.12.2003 in Neuruppin geboren und besucht dort derzeit das Karl-Friedrich-Schinkel-Gymnasium. Zusammen mit Frida und Amy singe ich im Märkischen Jugendchor. Im Rahmen des Deutschunterrichtes

erhielt Henriette die Möglichkeit, Lyrik und Gedichte besser kennenzulernen und sich selbst in die Welt der Poesie zu begeben.

**Funfact:** Ich habe ein Jahr in den USA gelebt und dort sogar den Schulabschluss gemacht.